图说中国物质文化遗产

中国最美

寺观壁画

第四辑

唐 五代 宋 辽 金

杨平 主编

长江出版传媒 湖北美术出版社

序

刘醒龙

有句话说得格外形象传神：在山西，值得深挖的除了煤矿，还有历史沉淀下来的壁画和彩塑。

只要到山西，任何时候都能在一条国道、省道上遇见一眼望不到头的大型卡车长龙。那些承载能力超强的钢铁巨兽，甚至连县道和乡道也不放过，既不知已经拖走了多少史上著名的乌金，更不知高高大大的太行、吕梁两座大山，仍旧埋藏着多少让人趋之若鹜的黝黝煤炭。与声势浩大的前者完全相反，“养在深闺”当中的山西壁画和彩塑，即便赫赫有名，多数人对其也是知之甚少。比如：芮城永乐宫殿内的《朝元图》被誉为元代壁画艺术的最高典范，繁峙岩山寺的壁画被称为画在墙上的《清明上河图》，五台山佛光寺大殿佛座上的壁画为全国唯一现存唐代寺庙壁画，洪洞水神庙《大行散乐忠都秀在此作场》是全国唯一现存古代戏剧壁画，忻州九原岗《狩猎图》《升天图》墓葬壁画入围“2013 年度全国十大考古新发现”，晋祠圣母殿一大群彩塑堪称古代造型艺术极品，等等。三晋大地上，自唐至清，异彩纷呈的寺观壁画达 27259 平方米，彩塑 17000 多尊，不是专业人士，纵然能借得一双慧眼，仍旧像坐井观天，很难看透真容。

第一次见识山西壁画，是那一年同海峡两岸的一群作家到介休。在名叫后土庙的古刹里，几位工匠正在几处墙壁上忙碌，问起来，才知他们全都来自敦煌，虽然其貌不扬，但个个都是修复壁画的顶尖高手。高人出手，对应的肯定也不是等闲之物。那一次，只顾看修复工艺，没有太注意壁画本身。2018 年深秋，在河南省宝丰县城西北的训狐寺（龙兴寺）见到了半幅壁画，反而看了个够。说是寺庙，实际上已多年没有僧人往来，寺庙本身已与村舍融为一体，大殿半是客厅，禅房亦为厨房。关键是连村舍都被放弃了，世俗那一半已经坍塌，佛家那一半因有石柱横梁支撑而留存了下来，就在那一半的墙壁上现出吴道子亲绘的一幅壁画。断垣残壁之上，虽然烟火痕迹很浓，但仍然掩盖不住那艺术的光彩。

在介休后土庙那一次，其实就见过山西彩塑，但由于太过关注敦煌来的能工巧匠，反而忽略了它们。直到前两年到长治观音堂，一进殿门便大吃一惊。不由得记起 20 年前，在河北正定隆兴寺见到的五彩悬塑观音像，那尊架着二郎腿，右手自然地搭在左手上，面容恬静的菩萨，曾被鲁迅先生称为“东方维纳斯”。在长治，一座小小的观音堂，密密麻麻的彩塑菩萨像中，各式潇洒自如、无拘无束的塑像姿态美不胜收、数不胜数，那尊架二郎腿的菩萨，实在是普通得不能再普通了。鲁迅先生在 1942 年从西安由渭水入黄河而回北京的日记中写得很清楚：“八月八日，昙，午抵潼关，买酱莴苣十斤，泉一元。午后复进，夜泊阌乡。”“八月九日，晴，逆风，午抵函谷关略泊……”这是他平生唯一一次歇脚于山西土地，严格地说，如此匆匆连一瞥都算不上，否则，那“东方维纳斯”的美名就有可能留在山西了。

关于壁画和彩塑，也是由于职业之便，这些年见过不少，包括在大西北的一些地方，进到某些出于保护目的，只有研究者才有限准入的洞窟，看一看艺技之大美，叹一叹人世之沧桑。包括在山西亲眼所见的几处，全都被冠以“国宝”之称。相比其他类型的“国宝”，壁画与彩塑的文化属性非常直截了当，见着了，就能体会到。10 年前，曾在《大洪山半禅记》中写道：“世人皆有佛性，诸佛皆有人性。”无论哪里的壁画和彩塑，包括山西，画的是佛，说的是人，画的是人，说的是佛。那些居高的画像彩塑，面相和缓，眉目细长，鼻窄唇小。它们或立或坐或侧卧，或有所指，或有所思，平和端庄，慈祥安泰，令人景仰。若武当然雄姿英发，气贯斗牛；若文则披轻纱如天衣，清秀端庄，气度儒雅。座前驾后，不是莲花牡丹，就是梧桐杨柳，天上地下，若非祥云彩虹，便有黄鹿白鹤。画壁之上，高堂之内，从来容不得尖嘴猴腮之怪，也见不到鸡鸣狗盗之形。虽然不全是人生常态，也不太可能是生活的真相，但一定是千万年以来，对人生、对生活的朴素理想。

内蒙古阴山岩画，作为人类早期的岩画之一，在长达一万年左右的时间里，用互相连接的图像，把整座山脉变成一条东西长约三百公里的画廊。在文字还没有出现的岁月，人类用这种方法来表达情感、交流思想。毫无疑问，壁画先于文字出现在人类的历史长河当中。后来才出现的文字，虽然方便人的交流与表达，却比不了：多少年后，画还是画，看一眼就能醍醐灌顶；文字越是发展，越是繁复，反而造成诸多不便。天下的孩子，都曾经历过信手涂鸦的一段小小时光，虽然那不是真的壁画，但也不敢说那种涂鸦与壁画传统风马牛不相及。所以，将生物解剖与人体架构等物质性的因素暂且搁置不论，用直觉去相信，我们的基因中继续存有祖先的传统。假如远祖与高祖们在旷野之上凿石刻画，与未知世界进行文化交流的经历就包含在看不见的基因里，关于涂鸦的解释就说得过去了。

山西人民创造了许多五彩斑斓、千年不减光彩的壁画与彩塑。从唐宋到明清，诸神众煞，千家百业，包括打醋用煤，都有具体呈现。壁画和彩塑艺术，包括山西境内的，普遍都面临着“你等待我太久，然而我来得太迟”的现状，我们需要加快探索与保护的步伐，别让“太迟”造成遗憾，以保障壁画与彩塑艺术长存于世。

目录

一 历史沿革

中国的壁画艺术源远流长，迄今为止寺观壁画艺术保存最完整、最丰富、最精彩的省份当属山西。自隋唐以来，佛教学风『破斥南北，禅义均弘』，佛教本土化的趋向更加明显。北方在兴建佛教石窟的同时，也开始注重地面礼拜寺院的建造（早期礼拜更多在洞窟），寺观壁画也在此时开始全面进入山西地区。宋辽金时期壁画艺术从晋南发展到晋北，到明清时期已遍布全省。

唐代

唐代是中国历史上统一时间最长、国力最强盛的朝代之一。随着丝绸之路的畅通，各国的文化、艺术在大唐交融。不仅如此，佛教、道教、祆教、景教等宗教也蓬勃发展，随之而来的对于宗教艺术的发展要求就更加迫切。此时作为宗教的主要活动场所，寺观中的各种宗教艺术成为主流，其中的寺观壁画也得到大力发展。在唐代，长安与洛阳聚集了大量的画师，来进行寺观壁画的创作。而这些由著名画师绘制的寺观壁画，也成了其他画师们竞相模仿的对象。当时拥有众多寺院的佛教圣地五台山，成为了佛教壁画的重要绘制场所。

五代

唐朝灭亡之后，五代短短的几十年间，战乱频起，重新兴修的寺院不多。这一时期的寺观壁画遗存很少，有些是在原有的唐代壁画基础上进行的重绘。这一时期的寺观壁画，在人物造型上虽仍然继承了大唐的绘画风格，但是也可以看到一些影响后世的风潮已经出现，如平顺大云院东壁《维摩诘经变》图中内容趋于繁杂，出现世俗化场景，图像组合方式更加自由、开放等。

两宋

两宋时期，随着王朝对佛教和道教的推崇，宗教活动重新成为社会的常态。一些在战争中被毁掉的寺观得以重建，一些皇家寺观开始兴建。这是中国历史上又一个寺观壁画创作的高峰。宋代壁画在继承晚唐绘画风格的基础之上融入了文人画风格，开始逐渐脱离纯粹的宗教绘画，成为宗教绘画发展承前启后的一个时期。随着宋代文人画的兴起产生了众多后世尊崇的名家，而寺观壁画的创作者大多为画师或匠人，绝大多数在历史上没有留下姓名。山西高平开化寺的壁画是极少数有作者（郭发）署名的壁画作品。

辽、金

辽、金在山西也遗存了部分壁画。辽金时期，普遍信奉佛教，在山西、内蒙、河北、辽宁、北京等地广建寺院、兴修佛塔、绘制壁画，比如辽国萧氏兴建的应县木塔。金朝甚至仿照北宋建立画院，由皇家画师进行皇家寺院壁画的创作。从现存作品来看，不亚于宋代的壁画水准。

二　种类与题材

中国壁画艺术纷繁复杂，一般来说分为四类：建筑装饰壁画、墓葬壁画、石窟壁画、寺观壁画。在距今约四千年左右的新石器时代遗址——石峁遗址就已经发现了装饰性壁画。在汉代墓葬中开始出现表现墓主人生前百态或者死后去往仙界的墓葬壁画。随着佛教的传入，魏晋南北朝时期，在石窟、寺院、道观开始出现了宗教题材的壁画。

佛教
道教
民俗宗教

山西寺观壁画是我国壁画艺术的重要组成部分，其题材主要有：佛教、道教、民俗宗教。佛教题材又细分为佛传故事、经变、水陆画等；道教题材则多为朝元、修道、成道、水陆、出巡等；民俗宗教则多为圣母出巡、龙王布雨、关帝故事等。

唐代

在唐代，早期服务于小乘佛教修行的佛传、佛本生、因缘故事题材逐步衰落，将经书内容绘制成壁画的题材——“经变画”逐渐发展起来。通过敦煌壁画及其他史料可以看出，唐代流行的经变内容有西方净土变、维摩诘经变、法华经变等。

五代
两宋
辽金

在五代、宋、辽、金时期，佛国世界、观音、罗汉等题材受到推崇，特别是在文人画的影响下出现了描绘不同罗汉性格的罗汉图，如五台山佛光寺的《五百罗汉图》。而随着唐、宋高僧的译经与编撰经书，佛经经典越来越丰富，此时的经变绘画已不局限于“净土”“法华”等题材，一些新兴的经变题材开始出现。如宋代高平开化寺的《大方便佛报恩经变》、金代繁峙岩山寺《鬼子母经变》等。此类经变故事性强，图中还绘制了市井生活、车马仪仗、楼阁建筑等元素。如：开化寺壁画中细致入微地描绘了织布机、曲辕犁、渡船等；岩山寺壁画中的酒肆幌子上写着“野花攒地出，村酒透瓶香”。这些都为研究当时的人文风情、社会发展提供了宝贵的资料。

三 艺术风格

唐代寺观壁画延续了以张僧繇为代表的“张家样”，以曹仲达为代表的“曹家样”，以吴道子为代表的“吴家样”和以周昉为代表的“周家样”的宗教人物画“四家样”风格。吴带当风的“吴家样”是其中的典型代表，这种画风重视线条的表现力，能用铁线描、折芦描等技法将人物繁复的衣纹栩栩如生地表现出来。目前我国仅存的唐代寺观壁画《毗沙门天王降魔镇妖图》位于五台山佛光寺东大殿，图中人物的衣着线条流畅飘逸，具有“吴带当风”之特点，展现了当时兴于洛阳、长安的“吴家样”对当时寺观壁画绘制风格的影响。

毗沙门天王降魔镇妖图
唐代
忻州五台县·佛光寺东大殿

五代

五代、两宋时期，吴道子与周昉对寺观壁画绘画风格的影响依然很大，宋徽宗下令编撰的《宣和画谱》中就提出，不取法吴道子是难以在佛画艺术方面有所成就的。五代时期的人物绘制风格更接近晚唐，如山西平顺大云院的五代壁画，风格受“吴家样”“周家样”影响颇深，但是总体气势上趋于内敛、沉静，唐风的雍容华贵、气宇轩昂逐渐弱化。

两宋

宋代壁画设色不再如唐代般艳丽，更多的采用青、绿等冷色调，使得整体氛围更加肃穆，这也反映出道教文化对壁画艺术的影响。在人物造型、神韵气质上已有较浓的文人之气，“神”的形象逐渐弱化，“仙”的气韵更加凸显，这和宋徽宗推崇道教以及文人画的兴起是分不开的。而“吴家样”的技法正是展现这种“仙”的最佳表达技巧。如山西高平开化寺壁画，构图严谨但不死板，采用“异时同图”（在一个画面上描绘不同时点发生的事情）的技巧，将佛经故事生动地绘制在墙壁上。画中故事曲折，人物众多，还包含大量建筑元素。画中人物线条运笔行云流水，有“吴带当风”之感，是“吴家样”画风演进的实例。

辽、金

辽代壁画更接近晚唐之风。一方面是因为唐末时期，中原文人、工匠避祸契丹；另一方面则与契丹对中原文化的崇尚有关。南宋时期，虽然有很多宫廷艺术家随都南迁，但也有部分被掳至金国，如绘制岩山寺文殊殿壁画的王逵即为金廷“御前承应画匠”。文化的交融当然也呈现在艺术创作上，受两宋文化影响颇深的金代壁画展露的风格也与两宋壁画风格高度重合，如岩山寺王逵绘制的壁画中人物均着宋人服饰。

四 绘制工具与工艺流程

壁画一般由功德主出资聘请画师班子来创作。画师们先根据功德主的要求绘制白描『小样』，和功德主确认大致效果。小样的绘制要借鉴『稿本』。稿本可以简单理解为画师们的素材集。正是因为稿本的存在，我们可以在不同的壁画中看到相同的元素，并找到它们之间的联系。小样确定之后，将画面关键部位（头、手、重要器物等）制作成『粉本』。粉本是在纸上绘制的线描稿，和壁画成品等大，用来拷贝到墙面上。

“粉本”的使用方式

一种是将粉本上的线条扎孔，将其铺于墙面上，然后用白粉扑打扎孔处。取下粉本后，墙上出现白点，画师可依据白点勾线。另一种是将粉本背面沾上白色，将其铺于墙面上，用竹签等工具将稿线勾一遍。取下粉本后，墙上就会出现白线，再依据白线勾线起稿。

稿本与粉本

小样一般会留给寺观，而稿本和粉本则是画师们重要的创作资料，其丰富程度和精美程度是画师班子水平的主要体现形式之一。稿本和粉本也是新老画师们薪火相传的宝贵资料。或许是因为这种师承关系以及稿本、粉本的传承应用，我们在壁画中往往能看到前朝的元素，也能分析出不同地区、不同年代壁画中的内在联系。

地仗

壁画正式开始绘制的第一个步骤是制作“地仗”，即处理墙面以便作画。地仗处理的好坏直接影响壁画的保存效果。宋代的《营造法式》中就有关于制作地仗的记录：先用粗泥、竹篾、麻等材料做一层或几层基础，然后在其上用细沙泥、白沙、胶土等做表层，刷胶水后用白土（掺有轻胶水或豆腐浆的白垩土，又叫“白土粉”）再横竖各刷一遍。大多数的石窟及寺观壁画均采用类似的方法制作地仗，区别在于层数和使用的材料不同。墙体以土坯为好，可以防止墙面返碱破坏壁画，永乐宫壁画就绘于土坯墙体之上，且墙体中钉有竹钉。地仗处理得好，因此保存效果较好。如果是砖墙，最好先在墙缝中钉入麻穗，有助于地仗的附着。

勾线

粉本上墙之后，就进入起线稿（勾线）的步骤。中国古代壁画对线条的绘制水平要求极高，勾线的人通常是画师班子中的高手。长度惊人的线条，是元、明时期晋南壁画的一个特点，永乐宫壁画中有近 4 米的超长线条，且看似没有断笔。通过考据推测，古人画壁画用的是一种称为“捻子活”的特制毛笔，用木棍做笔杆（有说笔杆中空，便于持续给墨），笔头用猪鬃制作，使得勾出的超长线条粗细变化不大，刚劲有力。

上色与颜料

线稿起好后就可以开始上色，基本是使用平涂的技法。有时一个匠人只负责填一种颜色，他根据画师留在墙上的记号，将这种颜色全部涂完。

中国壁画采用的大多是矿物颜料和少量植物颜料，到了清朝末期也开始使用化学颜料。矿物颜料品种有朱砂、石绿、石青等，由带颜色的矿石磨成粉制成。矿石研磨的颗粒粗细不同，所制颜料的颜色也会有不同。通常矿石研磨得越细颜料颜色越浅，也可通过加热等方法改变颜料的颜色。这样一来颜料的品类就变得丰富起来。颜料要加入水、胶（鹿胶、兔胶、桃胶等）、矾、蛋白液、桐油、漆等调和后才能附着在墙面上。多层的颜色叠加或是两种颜色变换叠加顺序，都会呈现不同的效果，这就是多层晕染。上色完成后，还需要画师在关键部位重新勾线，以突出画面的主体。

沥粉贴金

壁画创作中还有一种特殊的工艺——沥粉贴金。沥粉贴金是用白色的膏在壁面上画出线条，反复多次后线条会有一定厚度凸出墙面，这时在线条上刷上胶，再将薄如蝉翼的金箔贴上去，粘牢后将多余的金箔扫掉，只留下金色的线条。这种技法多用于展现人物的衣纹、铠甲、首饰或器物、家具、建筑等，使得壁画熠熠生辉。这种技法在隋唐时期就已经出现，高平开化寺壁画是使用沥粉贴金工艺的代表案例。

五 保护与传承

山西寺观壁画数量之多、延续之久、艺术之精，冠绝全国。但由于人为的原因，一些珍贵的壁画流失海外。据统计，现存的山西壁画有两万四千余平方米，而这些也出现了残缺、断裂、空鼓、酥碱、龟裂、起甲、颜料层脱落、表面污染等多种病害，保存状况令人担忧。其中相当一部分险情严重，亟需进行抢救性保护。为了保护这些古代的艺术遗珍，官方、民间的学者们和时间赛跑，要赶在它们被毁坏之前把它们记录下来。

保护

1932年至1937年，中国营造学社的学者们对中国大地上的古建筑进行了大量的勘探和调查，成为壁画保护的先行者。中华人民共和国成立后，山西重要的壁画遗存连同建筑先后被评为国家、省、市、县四级重点文物保护单位，使得山西的壁画得到了初步的保护。进入新千年后，政府和民间一起行动起来保护壁画。

保护的主要手段包括记录和修复，最终目的还是要传承。最早一批学者走遍山西临摹壁画，在照相技术得到发展后，以杨平老师为代表的一批学者开始有计划地拍摄山西壁画，希望把它们保存下来。近些年，随着超高清扫描技术的出现，山西省文物局与社会机构合作，针对重要的壁画也进行了超高清扫描，为山西壁画正式存档立照。

复制

而另一批学者将目光投向了流失海外的山西壁画，他们自费往返于欧洲、美国、加拿大的众多博物馆，拍摄流失海外的壁画。他们甚至通过各种渠道，获得对方博物馆的授权，对壁画进行复制。如江苏理工学院的王岩松老师带领他的团队用了十多年的时间复制了流失到海外博物馆的众多中国古代壁画。他说：“流失海外的中国壁画我买不回来，那就画出来吧，让这份记忆能流传下去。”正是由于这一批批学者的努力，现在散布在各大博物馆的山西壁画大多找到了出处，一些碎片也得以相拼，这不得不说是不幸中的万幸。

修复

对于壁画的修复，山西省文物局专门成立了机构培训修复人员，近十年来针对山西各地的壁画按计划开展修复工作，如洪洞水神庙。2019 年 3 月 25 日，山西省彩塑壁画保护研究中心举行挂牌仪式。其主要职责任务调整为制定彩塑壁画保护新材料、新工艺、新技术标准规范；编制全省彩塑壁画保护修复方案；实施全省彩塑壁画的保护修复工程；培养彩塑壁画领域专业技术人才；建立全省彩塑壁画数字化信息平台；对全省古代建筑及其附属文物进行技术保护。由此，山西的壁画保护工作迎来了新的工作局面。

唐代
忻州五台县·佛光寺东大殿

护法之大神，与东方持国尊天王、南方增长尊天王、西方广目尊天王并称『四大尊天王』。

唐代壁画

✤ 佛光寺

佛光寺现存唐代壁画22幅，总面积约60余平方米。主要绘有弥陀说法、诸菩萨众、千佛像和天王、力士降魔镇妖等内容。在画法、设色上与敦煌石窟同期绘制的壁画相似度极高，极为珍贵。

缚猴力士

唐代

忻州五台县 · 佛光寺东大殿

此图中力士双目圆瞪，身穿豹皮上衣，腰束带，躬身手拉妖猴前行。

持杵力士

唐代

忻州五台县·佛光寺东大殿

此图中力士袒露上身，全身肌肉发达。下身穿豹皮短裤，持杵前行，目视前方。身后乌龙腾空，将妖卒降伏在地。

诸菩萨众图

唐代

忻州五台县·佛光寺东大殿

《诸菩萨众图》原绘制于唐代，宋、明代有修补痕迹。东大殿南侧内槽拱眼壁绘制 316 尊菩萨像，北侧绘制 109 尊菩萨像。

此图为《诸菩萨众图》局部。图中，菩萨或手持物或结印，身穿袈裟，身后绘制各色头光，立于彩色祥云之上。

阿弥陀佛说法图
唐代
忻州五台县·佛光寺东大殿

《阿弥陀佛说法图》绘制了三组佛像，中央为主尊阿弥陀佛，两侧群像以观音菩萨及大势至菩萨为主体，三组佛像构成西方三圣主体。

主尊阿弥陀佛身着袈裟，双手置于胸前，结印呈现说法貌，结跏趺坐于仰覆莲台之上。佛身后配三道身光与首光。佛肉髻上绘有两条波浪线向外扩展，象征着“光中化佛无数亿，化菩萨众亦无边”（佛教歌曲《赞佛偈》），教化芸芸众生。佛莲台前放置博山香炉，两侧各跪坐一尊持物的供养菩萨。

画面右侧站立二尊菩萨，靠近佛侧的一尊右手持柳枝、左手持净瓶，为观音菩萨的重要标志。画面左侧站立三尊菩萨，靠近佛侧的菩萨为大势至菩萨。

坐佛图

唐代

忻州五台县·佛光寺东大殿

《坐佛图》的每个圆光中各绘坐佛10尊，圆光下方书写佛号尊名，有南无师子意佛、南无信婆薮那罗佛、南无宝光明佛等。据画面榜题记载，本作品绘于北宋宣和四年。榜题诸佛名出自《佛说佛名经》，经云受持、读诵、礼拜上述诸佛，使人现世安稳，远离诸难并消除一切罪障，未来成就菩提。反映了礼忏诸佛的历史。

五代壁画

大云院

天女图
五代·后晋
长治平顺县·大云院大佛殿

大云院创建于五代后晋天福三年（938 年）。前院北侧的弥陀殿内原供奉西方三圣像，因主尊大佛为阿弥陀佛塑像，故又称为“大佛殿”，殿内保存着我国仅存的五代时期壁画。

此图展现了《维摩诘经》中天女散花的情节。图中，天女以散花试菩萨和声闻弟子的道行，花至菩萨身上即落去，至弟子身上便不落。众天女脚踏祥云，双手合十，面带笑意，缓步向前。神姿挺秀，体态丰腴。

1–3. 天女擎花图

宋代壁画

✤开化寺

《华严经》是佛教最重要的经文之一，主要内容是七处九会，即如来佛在天宫地上七处地点的九次集会说法。在隋唐时期出现了弘扬华严思想的华严宗。华严经变是依据《华严经》创作的佛教图像作品，该类经变滥觞于唐代，宋代时有继承但规模与普遍性不及唐代，明清时期没落少见。

开化寺大雄宝殿东壁壁画是宋代北方地区华严经变图的典型代表之一，该壁画由画师郭发创作。壁画分作四铺，北铺及中间两铺的内容、结构大致相同，表现的是《华严经》中的七处九会场景；南铺为第九场佛会的延伸，强调入法界而证悟达到华严三昧境界。四铺整体展示华严无尽世界，设计巧妙，底蕴深厚。

华严经变图

北宋

晋城高平市·开化寺大雄宝殿

普光法堂佛会

画面中央的华严教主即卢舍那佛跏趺坐于莲台之上，身着通肩袈裟，男相，微须，双手定印于腹前。佛陀身后配置绿色头光、白色身光，周围散发出数道光束展现放光说法的不可思议。在华严教主的两侧，描绘了众多赴会听法者，如菩萨僧众，护法的天王、力士，出家二众比丘、比丘尼，以及在家二众优婆塞、优婆夷等。

史书记载佛教传入华夏滥觞于汉代，经过魏晋南北朝格义之学（一种诠释佛学的方法，用中国已有的思想或典故，通过类比的方式解说佛教思想）的诠释以及佛教本土化的融合，逐渐产生东土佛教（汉传佛教）。

《大方便佛报恩经》（即《报恩经》）便是一部契合中华文化的佛教经典。晋城高平开化寺大雄宝殿存有依据该经绘制的经变图壁画。西壁三铺与北壁西侧一铺，每铺中央绘制释迦如来说法图，外围配经变故事图，撷取自《报恩经》中十二则经变故事。

释迦如来说法图
北宋
晋城高平市·开化寺大雄宝殿

此图中释迦如来像面如满月、慈眉善目，端坐的莲花宝座被刻画得华美庄严。如来身边为诸菩萨、众弟子、天龙八部（佛教护法神）等听法者，外围绘有缭绕的祥云，借此与外围的经变内容区隔，使画面层次分明。

1. 善友太子游观遇农夫

善友太子头戴冠冕，身着朱色长袍，骑白马，正在侍从的陪同下出游。太子左侧为一块田地，三位农夫身着灰褐色衣服，一位在向太子行礼，另外两位一个扛锄、一个驾牛犁田。

1 2

2. 善友太子游观遇织坊

善友太子离开田地后，又遇织坊。画面中，太子一行人停驻在织坊外。纺织机前，女子因辛劳而汗流浃背因此袒胸，下身着裙。屋内几位妇人因太子到来而好奇地观望。一路目睹百姓劳苦，善友太子心生怜悯。

3-4. 坑埋强盗及妇人

画面描绘的是华色比丘尼因缘故事。华色比丘尼惨遭不幸：丈夫被毒蛇咬死，大儿子被老虎吃掉，另外两个儿子被洪水吞没，她自己也被强盗掳去霸占为妻。强盗作恶被抓捕归案后被判以极刑，而华色比丘尼亦受牵连。图中强盗仅着白色犊鼻裈，负木枷由衙役押送；华色比丘尼身着白衣，亦负木枷。地上已由劳役挖出土坑，两人将被活埋。

3 4

5. 波罗奈王询问北窟仙人莲花缘由

南窟仙人和北窟仙人居于波罗奈国仙圣山中。一日，南窟仙人便溺于泉边，后一雌鹿舔食了泉水后怀孕。不久，这只母鹿产下一女，后被南窟仙人收养。鹿女因能步步生莲，为波罗奈王所倾慕，被封为第一夫人。鹿母夫人后诞下一朵莲花，化生出五百太子，并将其分给五百夫人养育。五百太子长大后，个个智勇非凡，为国效劳，从此波罗奈国泰民安。

此图中，波罗奈王行猎至北窟仙人住所，见其居所外莲花环绕，前来问询缘由，北窟仙人告知莲花乃鹿女足下所生。波罗奈王身着红色交领宽袖长袍，北窟仙人着道袍，外披鹤氅，两人皆双手抱拳当胸相互行礼。

6. 入海取宝

这幅作品描绘了善友太子入海取宝的故事。船上人物各司其职：船尾一人右手举起遥望远方掌管航行方向；船头四人，二人一组协力划桨；船舱上坐一人，回首向后方击鼓者下达航行速度指令；划桨者依据鼓声节奏划动船桨。因善友太子福德具足，慈心悲悯，故在航行过程中未遭遇险难，不久至珍宝山。

早在西晋时期就有了关于弥勒信仰的经文译本，相关的经变和造像艺术也开始出现。伴随着佛教在社会各阶层的发展，弥勒信仰的艺术作品也在蓬勃发展之中，并一直延续至宋、西夏时期，宋以后逐渐势微。

在中国的弥勒信仰体系中，弥勒菩萨与弥勒佛分别代表了弥勒上生信仰与弥勒下生信仰。在此基础上，汉译弥勒信仰的经典、经变图像也基本分为上生、下生两大类。开化寺大殿北壁东侧壁画描绘的是弥勒菩萨说法的内容，依据的就是《弥勒上生经》的相关记载。该壁画布局采用中堂式布局，中间为净土世界，两侧分别阐释缘起等内容，两侧下方则分别绘出此堂壁画的男女供养人群像。

弥勒上生经变图
北宋
晋城高平市·开化寺大雄宝殿

兜率陀天乐舞图

兜率陀天是佛教信仰里可与极乐世界媲美的圣地。在弥勒经典中，兜率陀天分为内院、外院。内院为弥勒菩萨说法处，即兜率净土。据《弥勒上生经》记载，兜率陀天内院宫殿重重、金碧辉煌，弥勒菩萨在此六时说法，其间天女奏乐之声、舞蹈时的璎珞叮当声无不在烘托妙法。因此，很多弥勒上生经变图常有描绘天女载歌载舞的图景。开化寺的《兜率陀天乐舞图》中最引人注目的是两位正在翩翩起舞的天女。舞者左右六位乐伎分坐两排，演奏箜篌、排箫、笙等乐器。

辽代壁画

✤觉山寺

明王即持明之王，又称金刚明王、忿怒尊。明，即破愚之智慧光明。在密宗教义中，明王是诸佛、菩萨显化成的教令轮身，呈摧伏魔障的忿怒形像。对于执迷不悟的众生，明王以具有强大威慑力的可怖之相令其心生警醒敬畏，皈依佛法。密宗中还有五大明王、八大明王、十大明王若干种说法。

在觉山寺舍利塔底层内绘有一众明王像，皆是须髯若飞，横眉冷对，赤脚站立，手执宝剑，十分庄严。每尊明王的两侧及身后都有天王、神将、力士、菩萨、飞天和鬼卒，他们或雄壮威武，或泰然自若，或清静闲雅，或潇洒自如，神情举止和冠戴装束各不相同。

明王图
辽代
大同灵丘县·觉山寺舍利塔

1. 大威德明王

大威德明王肤色赭红，怒发，张口，瞪眼怒视，一首六臂，袒腹跣足。右上手持刀，右二手开掌，右三手持剑；左上手持绳索，左二手于胸前结印，左三手持弓箭。明王呈降伏诸小鬼状。画面左上隅端坐一有金轮圆光的菩萨，身着袈裟，右手持伞盖，左手施禅定印。

2. 无能胜明王

无能胜明王一首六臂，肤色赭黄，怒发睁眼，袒腹跣足，璎珞披体，身后配置首光。左侧上方为一尊菩萨，身着袈裟。明王右上手持绳索，右中手与左中手于胸前合掌，右下手持剑；左上手持金刚杵，左下手结印。

3. 大笑明王

大笑明王忿目扬发，头戴骷髅冠，一首八臂。右一手持金刚杵，右二手持箭，右三手当胸结印，右四手持钺；左一手仰掌，左二手持尺，左三手持弓。明王身旁绘白色巨龙，明王呈降伏状。

4. 降三世明王

降三世明王怒目扬发，一首二臂，右手持佛幡，左手按膝。画面右上隅绘制一尊菩萨，结跏趺坐，身着袈裟，右手持一独股金刚杵，左手施禅定印。

5. 步掷金刚明王

步掷金刚明王忿目扬发，头戴骷髅冠，一头八臂，肤色煞白。右一手持棍，右二手持一法器，右三、右四手漫漶不清；左一手持绳索，左二手托右二手肘，左三手持尺，左四手开掌。画面左上隅绘制一菩萨，身着袈裟，右手置腿上，左手施禅定印。

6. 马头明王

马头明王三头六臂，肤色赭红，怒发瞪眼，上身赤裸，身披天衣、飘带，身后绘有头光。明王右上手持钺，左右中手于胸前结印，右下手持剑；左上手持棒，左下手持绳。明王左侧上方端坐一菩萨，左手持净瓶，右手当胸持柳枝，右侧上方为一僧人持长柄香炉。

7. 大轮明王

大轮明王怒发睁眼，肤色赭红，上身赤裸披带，胸披璎珞，下身着裙，一首六臂。左上手持刀，中手持三股金刚铃，下手中指食指并竖，似施手印；右上手持六幅金刚轮，中手持三股金刚杵，下手持刀。画面右上隅绘有一尊菩萨，手持莲花。

✣佛宫寺

朔州应县佛宫寺释迦塔（俗称应县木塔）内绘有辽金时期的壁画，虽然有后世修葺的痕迹，但仍是依照辽金时期的规范体例而修。壁画绘有天王、金刚、众弟子、如来佛祖等。画工严谨，造像比例匀称，姿态生动，色彩鲜艳，犹存晚唐五代风范，落落大方，甚为难得。

1 2 3

1. 散脂大将

散脂大将为北方毗沙门天王手下大将，二十八部药叉诸神统帅，拥护佛法，护持信众。大将皮肤暗赭，右手持剑，左手挽起右袍，鼓眼努睛，垂视边隅。身后绘制无量夜叉鬼神，持旌旗、铜镜、剑鞘等，恭敬而立。

2. 执金刚神

执金刚神身披盔甲，外披袍巾，孔武有力，呈坐姿，执武器，身后绘制小鬼、夜叉、力士鬼神等。皮肤暗赭，右手握金刚杵，为执金刚神的重要标志，左手挽起右袍，怒目圆睁，垂视边隅。配绿色头光，光圈外围绘制火焰纹，上方绘莲花华盖及五彩祥云。金刚身后怀抱婴儿的为夜叉女。

3. 东方持国天王

东方持国天王皮肤黝黑，鼓眼努睛，身披盔甲，双膝弯曲，作张弓射箭之姿。

4. 拘那含佛

拘那含佛为现在贤劫第二尊佛。画面中佛右手当胸掌心向外，呈说法印之莲花指，表示佛陀即将宣说无上妙法轮。

5. 尸弃佛

尸弃佛为过去庄严劫第九百九十九尊佛。画面中佛右手竖掌于身体外侧，左手置于左膝上，呈现该佛说法如如不动之貌。

6. 迦叶佛

迦叶佛为现在贤劫第三尊佛，其传法偈曰："一切众生性清净，从本无生无可灭，即此身心是幻生，幻化之中无罪福。"

供养天女图

辽金时期

朔州应县·佛宫寺释迦塔

1. 供养天女一

供养天女一发髻紧束，上身袒露，罗裙仅到膝下，创作者对锦袍丝绦的处理使其仿佛被微风吹动，使静态的壁画呈现出动感。人物仰面前观，侧身而立，双手捧盘，盘上托着宝瓶鲜花，身姿极具风韵，丰满华丽。

2. 供养天女二

供养天女二头戴高冠，面部圆润，软巾束发，红色帔帛随风而起，飘拂于身后。手捧托盘，垫白色方巾以示敬重，盘中放须弥山等。人物眼波婉转，徐徐向前，颇具唐代仕女风韵。

金代壁画

崇福寺

崇福寺创建于唐麟德二年（665 年），金熙宗皇统年间在原寺基础上增建了殿宇，而成现状。主殿弥陀殿内遗存有 300 余平方米珍贵的金代壁画。崇福寺弥陀殿壁画的主体内容是十方佛说法，原有 10 组“一佛二菩萨”说法图，如今仅存 7 组。壁画中大佛端庄慈祥，结跏趺坐，左右皆绘制站立菩萨。此外，弥陀殿还绘有《千手千眼十八面观世音像》。

最上日光名称功德佛说法图
金代
朔州朔城区·崇福寺弥陀殿

最上日光名称功德佛面如满月，慈眉善目，双耳垂肩。袒胸内着僧祇支，腰间系带，外披红色袈裟，双手作说法印，结跏趺坐于莲台之上。佛陀身后配有头光和身光，两侧各立一头戴花冠、身着华服的菩萨。

无量光严通达觉慧佛说法图

金代

朔州朔城区·崇福寺弥陀殿

佛陀身穿红色袈裟坐于莲台之上，右手结莲花印，左手结印置于肚前。身后、头后皆有圆光。壁画经后世修葺，使画面中央的无量光严通达觉慧佛的金代造型有所改变。

1 2

1. 光明佛左侧菩萨
2. 光明佛右侧菩萨

佛陀左右两尊菩萨恭敬站立，双手捧大钵和盛有经卷的盘。两尊菩萨虽有金代佛像特征，但总体呈现的是明代佛像风格。

梵音佛说法图

金代

朔州朔城区·崇福寺弥陀殿

此图中佛陀双手当胸，掌心向内，弯曲无名指，其余手指自然舒展，庄严肃穆。佛两侧各立一尊头戴宝冠、身着青衣的菩萨。两尊菩萨上方各绘制飞天一尊，上身披飘带，下身着长裙，体态极具动感。

广慧佛说法图

金代

朔州朔城区·崇福寺弥陀殿

此图中广慧佛结跏趺坐，作说法印，顶结螺髻，身披袈裟，头光、身光、背光皆备，均为圆形，衣饰简单素洁，给人以慈悲庄重之感。与佛像形成鲜明对比的是两侧的胁侍菩萨，从头冠到飘带，无不缀满珠宝玉石，华美典雅。

千手千眼十八面观世音像

金代

朔州朔城区·崇福寺弥陀殿

“千”为无量及圆满之义，以“千手”展现大慈悲的无量广大，以“千眼”展现智慧的圆满无碍。此图中，千手观音菩萨共十八面，每面皆三目，面形圆润，神态慈祥。观音头上顶有五层佛头，形如花冠，顶层托有一座莲台，阿弥陀佛端坐其上，表现了西方教主的庄严。观音胸前有六臂，做合掌等姿态，腹前十八条臂膀，身后多臂，每只手心各有一眼。菩萨执各种法器，“千手”层叠起来有四五层之多，形成一个巨大的扇面。

✤ 岩山寺

岩山寺始建于北宋，金代建弥陀殿、文殊殿，明清时期亦有修葺。

文殊殿壁画为金代遗存。东壁绘有释迦牟尼说法、鬼子母本生经变及数幅观音菩萨示现等内容；西壁绘有佛本生故事和佛传故事；南壁主要为佛说法图；北壁则以 500 商人入海取宝故事为主。

岩山寺壁画记录了当时社会生活的丰富图景，从内容广度、历史价值到艺术水准都无愧于“画在墙上的《清明上河图》”之美誉。

此图中，释迦如来位于画面中心，身着袈裟，结跏趺坐于莲台之上，呈说法之态。如来头、身皆被光环笼罩，头部周围绘制火焰，大圆光内绘制波浪状线条。如来之上有祥云变化成莲花纹的华盖。画面最上方绘有摩尼宝珠，珠外绘一圈火焰纹，珠内写有梵文。

如来身边绘有四尊护法神祇。佛前绘制两名声闻弟子，左侧为阿难尊者，右侧为迦叶尊者。佛左右侧各有一尊坐于金刚座上的菩萨，左侧为文殊菩萨，右手持如意，左手当胸；右侧为普贤菩萨，右手结印，左手举起持经卷。

释迦牟尼说法图
金代
忻州繁峙县·岩山寺文殊殿

夜叉守卫城邦图
金代
忻州繁峙县·岩山寺文殊殿

在佛陀时代，犍陀罗国有一夜叉名为半遮罗，是该国的守护神。半遮罗热爱故土，守护国家安定繁荣。犍陀罗国以南的摩揭陀国，也住着一位守护夜叉，名为娑多。两位在夜叉神聚会中成为好友，并约定彼此的儿女结为夫妻。后来半遮罗的妻子生男，取名为半支迦；娑多的妻子生女，取名为欢喜（即鬼子母，又称为欢喜母），此二人成年后结为夫妇。

此图中，众夜叉在看守山门，有的趴在岩石、大鼓上呼呼大睡，妙趣横生；有的身着战袍率众部将持各式武器精神抖擞地巡视，尽职尽责。

此图表现的是半支迦迎娶欢喜。侍女们围绕着雍容华贵的夫人欢喜。欢喜前方，头戴幞头，谦卑儒雅的半支迦拱手向欢喜示意，欢喜也腼腆地低眉颔首。半支迦身后是一匹肥壮的白马，男仆牵着马，恭敬而立。

娶亲图
金代
忻州繁峙县·岩山寺文殊殿

鬼子母，又称欢喜母，原为婆罗门教中的恶神，护法二十诸天之一。鬼子母专食王舍城中的孩童，佛祖得知此事，规劝无效，遂藏起鬼子母的孩子，鬼子母急切地四处寻找。当她得知孩子在佛祖身边，便求佛祖将孩子还给她。佛祖借机劝其将心比心，并以因果报应为依说教。鬼子母被佛祖教化，幡然悔悟，皈依佛门，成为专司护持儿童的护法神。

爱儿失踪图

金代

忻州繁峙县·岩山寺文殊殿

此图中鬼子母的夫婿半支迦坐于门前，儒生装扮，头戴幞头，圆领窄袖白袍，对于爱儿失踪的事情十分着急。半支迦右侧，一位奶娘正在逗弄鬼子，奶娘前方一群鬼子正在嬉戏。坐在半支迦右侧的便是鬼子母，她看似十分焦急，举起右手，正与身边头戴幞头、身着通体绿袍、脚穿马靴、手持长卷的大鹏金翅鸟对话。此金翅鸟属鬼子母的夜叉部属，统领其他小金翅鸟。而长卷的内容便是鬼子母所生500鬼子的名单，金翅鸟正一一核对，向鬼子母报告是哪一位鬼子失踪。

夫妇宴饮图

金代

忻州繁峙县·岩山寺文殊殿

在富丽堂皇的宅院中，欢喜与半支迦相敬如宾，把酒言欢。夫妇身后的侍女们端着酒壶等物侍候；左侧的侍女们正在奏乐助兴。可以看出夫妇俩生活得十分惬意。

鬼子天界祸乱图

金代

忻州繁峙县·岩山寺文殊殿

欢喜与半支迦夫妇的宅院外，旌旗蔽空，烟尘漫天，两军人马斧钺钩叉、刀枪剑戟上演全武行，你来我往，打得不可开交。欢喜婚后生的500孩子皆为鬼王，又称鬼子，欢喜也因此被称为鬼子母。每一鬼王都有部属随从数万，势力强大，常常扰乱天界和人间。此图中，众鬼王正在天界与诸神激战。

文殊殿西壁绘佛本生故事和佛传故事，讲述了释迦牟尼的前世今生。佛本生故事又称佛本生经，讲述佛陀的前世经历。释迦牟尼成为佛陀之前经历多次转生，有时转生为人，有时转生为动物，并由此发生一系列寓意深刻、精彩纷呈的故事。佛传故事则是讲述释迦牟尼的生平。释迦牟尼佛一生有八个阶段，分别为：降兜率、入胎、住胎、出胎、出家、成道、转法轮、入灭。因西壁受损，现仅存前六相。

转世入胎图
金代
忻州繁峙县·岩山寺文殊殿

此幅作品为第二则佛传故事——“入胎”。善慧尊者经过了诸多劫难的功德积累，成为护明菩萨。护明菩萨成佛的因缘本已具足，但他看到下界众生受各种苦难，没有解脱，于是决定投生人间以度化众生。此图中，护明菩萨乘坐白象，身后有圆光，周围天人、菩萨簇拥，护明菩萨将一道白芒射入迦毗罗卫国宫殿内，在摩耶夫人睡梦中入母胎。

摩耶夫人得祥梦图

金代

忻州繁峙县·岩山寺文殊殿

此图中，迦毗罗卫国宫殿内，宫女正踩着凳子拉下卷帘，侍奉净饭王王后摩耶夫人安寝。夫人身心安泰，躺在床上。受胎后，摩耶夫人从睡梦中醒来，感觉神清气爽，有感而孕。

此是太子
見病僂身之處

摩耶省亲图

金代

忻州繁峙县·岩山寺文殊殿

按照当时的习俗，王后要回到娘家生产。于是有孕在身的摩耶夫人便出发回家省亲待产。此图中，城门大开，摩耶夫人盛装端坐在华丽的轿子里。抬轿人、仆人、护卫等人数众多，送行队伍声势浩大。

比武招亲图

金代

忻州繁峙县·岩山寺文殊殿

摩耶夫人生下王子，取名悉达多。悉达多自幼聪慧，受名师教导，文武双全，净饭王欲为王子娶妻。王国附近的城主为自己心爱的女儿耶输陀罗比武招亲，只有德才兼备的胜者才能迎娶。悉达多等人前往参加比武招亲。然而众人被一只白象挡在城门口。提婆达多（悉达多的堂弟）将白象击倒扔在城门口；难陀（悉达多的异母弟弟）将大象从城门口移开；而悉达多举起白象将它轻轻放到城外，使白象既不挡路，也不被伤害。

牧女供养图

金代

忻州繁峙县·岩山寺文殊殿

悉达多身为释迦族王子，文武双全，聪颖过人，理应继承王位。但19岁时他出游四门，见到人世间生老病死之苦状，便立下出家之志。他不顾净饭王阻拦，夜半出城。脱下华服，换上僧衣，剃须断发，入苦行林修行。

此图中，悉达多已苦修多年，日食一麻一麦，形容枯槁。悉达多发现过度的苦修对身体无益且并不能圆满解脱，应换种方式修行。于是，悉达多接受了牧女的供养。

文殊殿北壁绘500商人海上寻宝遇难获救的故事，出自《佛本行经集·五百比丘因缘品》。以500商人出海经商为引，讲述其遭遇海难，误入罗刹国，后被佛陀化身的宝马搭救回到故乡的传奇故事。

城南炼狱图
金代
忻州繁峙县·岩山寺文殊殿

五百商人遭遇海难之后被罗刹女携至罗刹国，商人们见罗刹国到处富丽堂皇，生活锦衣玉食，又有貌美的罗刹女侍奉左右，个个乐不思蜀。后来，一商人偷偷来到不被允许涉足的城南，这里尸横遍野，活人也全都瘦得皮包骨，才发觉罗刹国实为食人之国，待新一批的遇难者到来，他们也将难逃被关押、被吃掉的恐怖结局。

此图中，众男子被绑于柱上，个个骨瘦如柴。画面云雾缭绕，氛围阴森恐怖，仿佛人间地狱。

图书在版编目（CIP）数据

寺观壁画. 唐五代宋辽金 / 杨平主编. —— 武汉 : 湖北美术出版社，2024.3
（图说中国物质文化遗产. 中国最美. 第四辑）
ISBN 978-7-5712-2100-3

Ⅰ. ①寺… Ⅱ. ①杨… Ⅲ. ①寺庙壁画 - 中国 - 唐代 - 五代(907-960) - 图集 ②寺庙壁画 - 中国 - 宋代 - 图集 ③寺庙壁画 - 中国 - 辽金时代 - 图集 Ⅳ. ①K879.412

中国国家版本馆CIP数据核字(2023)第220244号

寺观壁画. 唐五代宋辽金
SIGUAN BIHUA.TANGWUDAISONGLIAOJIN

主　编：杨　平
编委会：王岩松　刘晓波　谢　薇
摄　影：欧阳君　张晓磊　梅　佳

策　　划：袁　飞
责任编辑：龚　黎
技术编辑：吴海峰
责任校对：胡雅莉
书籍设计：乐少辉

出版发行：长江出版传媒　湖北美术出版社
地　　址：武汉市洪山区雄楚大街268号
　　　　　湖北出版文化城B座
电　　话：(027)87679525　87679526
邮政编码：430070
印　　刷：武汉精一佳印刷有限公司
开　　本：710mm × 1000mm　1/16
印　　张：5
版　　次：2024年3月第1版
印　　次：2024年3月第1次印刷
定　　价：68.00元